ANÁLISE DO LIVRO

AF137381

Lolita

• • • • • • • • • • • • • •

VLADIMIR NABOKOV

ANÁLISE DO LIVRO

Escrito por Margot Pépin
Traduzido por Alva Silva

Lolita

VLADIMIR NABOKOV

VLADIMIR NABOKOV

ESCRITOR AMERICANO DE ORIGEM RUSSA

- **Nascido em São Petersburgo em 1899**
- **Morreu na Suíça em 1977**
- **Obras notáveis:**
  - *A Defesa* (1930), romance
  - *The Gift* (1937), romance
  - *Lolita* (1955), romance

Vladimir Nabokov nasceu em 1899, no seio de uma família russa aristocrática. Foi obrigado a deixar o seu país natal durante a Revolução Russa e fugiu para a Europa, onde começou a estudar literatura e escreveu as suas primeiras obras. Publicou nomeadamente *The Defence* (1930) e *The Gift* (1937), que lhe valeram o reconhecimento como escritor de língua russa.

Nabokov mudou-se para os Estados Unidos e adquiriu a cidadania americana em 1945. Recusou-se a regressar à URSS, e escreveu em inglês. Tornou-se bastante famoso com esta nova audiência. A sua fama explodiu à escala global em 1955 com a publicação de *Lolita*. Publicou subsequentemente numerosos romances. Morreu em França em 1977. Foi um escritor chave do século XX.

LOLITA

UM ROMANCE ESCANDALOSO

- **Género:** romance
- **Edição de referência:** Nabokov, V. (2000) *Lolita*. Londres: Pinguim.
- **Primeira edição:** 1955.
- **Temas:** paixão, infância, desejo, vingança, ciúmes, o mito de Salomé.

Lolita é a obra mais conhecida de Nabokov. Conta a paixão particularmente infeliz de Humbert, um homem nos seus quarenta anos, por Dolores Haze, uma "ninfeta" americana que tem apenas 13 anos. Uma versão tonificada deste enredo pode ser encontrada em *The Enchanter* (1939), que o próprio autor descreve como "o primeiro pequeno vibrar de *Lolita*".

As editoras americanas rejeitaram-no unanimemente, pelo que o manuscrito foi publicado pela primeira vez em Paris em 1955, como parte de uma coleção de romances arriscados e escandalosos. A sua publicação causou um escândalo público, tendo o livro sido mesmo banido de circulação em várias ocasiões.

RESUMO

O livro começa com uma nota do editor, afirmando que a história é baseada no manuscrito de Humbert. Ele diz-nos que este último morreu na prisão, e que Lolita também morreu. Esta intercessão de um editor fictício visa dar uma dimensão realista e autobiográfica ao texto.

UM AMOR DE INFÂNCIA QUE MUDOU TUDO

Humbert, o narrador, é um homem de cerca de 30 anos. Ele descreve as suas relações com as mulheres, que são dominadas pelo seu desejo por raparigas jovens. A fim de explicar esta atração, recorda a sua infância na Europa e a sua "fase Annabel" (p. 8), o seu primeiro amor aos 13 anos de idade. Conta a paixão que o uniu à menina da sua idade e o choque da sua morte súbita. Ele vê este período da sua vida como o gatilho da sua futura atração pelas "ninfas", que têm características particulares: uma ninfeta deve ser pré-pubescente, entre os 9 e 14 anos de idade. Embora seja graciosa, não é necessariamente a menina mais bonita: depende do instinto do narrador, o único capaz de identificar a "natureza ninférica" (p. 10) de uma jovem rapariga. Estas fases do seu passado "pré-Lolita" são encobertas. Estão visivelmente lá para dar ao leitor os meios necessários para avaliar o seu carácter.

Após o seu primeiro casamento falhar, muda-se para a América, onde cai numa depressão. Lá conhece a família

Haze, que aluga um quarto em Ramsdale, e descreve o seu primeiro vislumbre de Lolita, deitada na 'piazza': "…e, de um tapete numa piscina de sol, seminua, ajoelhada, voltando-se de joelhos, lá estava o meu amor Riviera a espreitar-me com óculos escuros" (p. 25). Gradualmente, assistimos ao início de um jogo de sedução, conduzido infantilmente por Dolores, mas satisfazendo a narradora.

A partir daí, ele começa a escrever um diário no qual descreve o seu desejo, que consome tudo pela jovem, bem como as suas tentativas de se aproximar dela, dia após dia. De passagem, descreve também a mãe da rapariga pré-pubescente, Charlotte Haze, que pensa ser uma "gata velha" irritante (p. 31). Mas a excitação de Humbert é interrompida quando ela anuncia que quer mandar a sua filha para um campo de férias de Verão. Pouco tempo depois, a Sra. Haze declara subitamente o seu amor por ele. Humbert é inicialmente repelido pela ideia, mas rapidamente vê a oportunidade que lhe é apresentada: ficar perto da sua ninfeta indefinidamente ("imaginei […] todas as carícias casuais que o marido da sua mãe poderia fazer com a sua Lolita. Eu a seguraria contra mim três vezes por dia, todos os dias", p. 46). Assim, ele concorda em casar com a Sra. Haze e torna-se o pai da Lolita.

O diário descreve então os cinquenta cansativos dias passados na companhia de Charlotte Haze. O mundo do narrador desaba quando a sua mulher anuncia a sua decisão de enviar Dolores para um colégio interno permanentemente: ele fica preso. Mas um acidente põe fim ao seu casamento cruel: A Sra. Haze encontra o diário do seu marido. Devastada, ela foge de casa e é atropelada por um carro. Ela morre, tal como nos sonhos loucos de Humbert. Começa uma nova vida.

UMA PAIXÃO QUE CONSOME TUDO

Humbert vai buscar a Dolores ao acampamento, como o seu pai. Ele diz-lhe que a mãe dela está doente e que a vão ver no hospital. A menina começa de imediato o seu ingénuo jogo de sedução de novo. Eles passam a noite num hotel. É então, segundo Humbert, Lolita que marca um ponto de viragem na sua relação, que até agora era inocente: "Eu tinha pensado que passariam meses, talvez anos, antes de me atrever a revelar a Dolores Haze; mas por seis ela estava bem acordada, e por seis quinze nós éramos tecnicamente amantes. Vou dizer-vos algo muito estranho: foi ela quem me seduziu" (p. 88). Mas Lolita está desanimada e parece compreender e lamentar o que aconteceu. A narradora fala-lhe também da morte da sua mãe. Consequentemente, ele tornou-se a única família que ela tem.

O narrador conta a viagem interminável, parecendo uma fuga interminável, que faz com Lolita através da América, dos motéis aos bungalows, dos argumentos ao perdão: "Tínhamos estado em todo o lado. Não tínhamos realmente visto nada" (p. 115). É estabelecida uma relação tensa entre Humbert e Lolita, baseada em chantagem e mentiras. Humbert acaba por decidir pôr fim à sua viagem, tanto na esperança de recuperar uma vida normal como por razões financeiras. Eles mudam-se para Beardsley, onde Lolita regressa à educação privada. Lá ela tem lições de teatro e aparece numa peça de teatro do escritor Quilty. Ela também tenta ter mais liberdade, mas o narrador recusa-se. Humbert, entretanto, encontrou um emprego: tornou-se professor universitário. Mas as preocupações e os ciúmes corroem-no gradualmente. Depois de mais um argumento vicioso, a jovem pergunta se eles podem voltar a viajar.

A dupla embarca numa viagem, com Lolita a definir o itinerário. Humbert cedo nota que um homem os segue e tenta estabelecer contacto com a jovem rapariga. Lolita está a tocar dos dois lados, mas o narrador opta por ignorá-lo. Quando ela adoece e é hospitalizada, porém, em "Elphinstone fatídico" (p. 163), aproveita a oportunidade para fugir com um homem misterioso, que se revela culpado. Mais tarde ela admite a Humbert que ele era o "único homem por quem ela tinha sido louca" (p. 181).

Humbert está profundamente magoado e parte à procura dela, perguntando em motéis, onde o seu raptor deixa pistas de troça. Devastado, ele acaba por abandonar a sua missão. Um ano depois, conhece Rita, que se torna sua parceira e uma fonte de apoio: "[...] ela era a companheira mais calmante, mais compreensiva que eu já tive, e certamente salvou-me do manicómio" (p.172). Vários anos mais tarde, recebe uma carta de Lolita: ela é casada, grávida e quer dinheiro do seu "querido pai" (p. 177). Ele vai imediatamente para o endereço da jovem mulher e do seu marido, Dick. Dolores não tem agora qualidades de "ninfeta", mas o amor "à primeira vista, à última vista, a toda e qualquer vista" que ela agita em Humbert obriga-o a pedir-lhe que fuja com ele. Ela recusa-se, mas finalmente fala-lhe do seu desaparecimento com Quilty. Ficamos a saber que ele a usou e a abandonou. Humbert está em estado de choque. Ele vai a casa da Quilty com uma arma. Quilty está bêbado e incoerente. O narrador sujeita-o a tortura mental através de uma espécie de julgamento simbólico, e vinga Lolita, executando-o como um animal.

ESTUDO DE PERSONAGEM

HUMBERT HUMBERT

Humbert Humbert é tanto a figura do narrador como a personagem principal de *Lolita*. Nasceu em Paris, em 1910. Representa o arquétipo europeu refinado e culto: é um intelectual privado e um professor de literatura e especialista quando se trata da sua fantasia. A sua aparência física não é descrita: sabemos que ele não é nada de especial, mas que é sedutor e bem-sucedido com as mulheres.

Humbert é muito instável mentalmente – é detido numa ala psiquiátrica duas vezes. É um mentiroso e um manipulador, consciente da sua superioridade intelectual. Ele não se preocupa com as convenções comuns e não tenta seguir as normas da sociedade. A sua paixão por Lolita é o centro da sua existência, e fora dela não pode estabelecer ligações sociais. Desta forma, está perpetuamente fora de sincronia com a realidade.

A relação que tinha com a idade de 13 anos é parte integrante da compreensão do seu carácter: "Na verdade, poderia não ter havido nenhuma Lolita se eu não tivesse amado, num Verão, uma certa rapariga inicial" (p. 5). O seu choque com a morte da sua amada parece tê-lo aprisionado nessa fase da sua vida; a sua obsessão por jovens raparigas mostra a busca do amor que perdeu demasiado cedo.

DOLORES HAZE

Dolores nasceu em 1935. Foi criada pela sua mãe, Charlotte, com a qual não se dá particularmente bem. Tem 12 anos de idade quando a história começa. Há muitas descrições da sua aparência física, todas rebuscadas, escritas por Humbert. Aos seus olhos, ela é a verdadeira encarnação da "ninfeta". Aprendemos que ela é esbelta, com sardas e cabelo castanho-acastanhado.

Lolita é uma jovem animada e impertinente. Mesmo na opinião de Humbert, ela não é muito inteligente, e é bastante superficial. Ela é apresentada como o resultado final da sociedade americana consumista de massa dos anos 50. No romance, embora ela seja visivelmente a instigadora das primeiras relações românticas com o narrador, ela continua a ser uma vítima esmagadora dos acontecimentos. Ela é uma ingénua, órfã perdida e, portanto, um alvo fácil para Humbert e Quilty. Ela nunca atinge o estatuto de 'mulher'.

CHARLOTTE HAZE

Charlotte Haze é a viúva de Harold E. Haze, e mudou-se recentemente para Ramsdale. Embora ela seja frequentemente descrita de forma muito negativa por Humbert, ele admite que ela é uma mulher bonita, com uma feminilidade visivelmente intensificada. Tal como a sua filha, Charlotte é ligeiramente vulgar, pouco culta e pouco perspicaz. A forma como o narrador a descreve é, no entanto, evidentemente pouco fiável, e os leitores devem avaliar o seu carácter por si próprios.

Ela não está frequentemente presente e tem um papel secundário na história, como podemos ver pela pequena quantidade de informação que aprendemos sobre ela. Ela é, contudo, uma figura importante no trabalho, devido à sua relação com a sua filha. Não é nada indulgente com Dolores e tem ciúmes dela: parece vê-la mais como uma rival na sua busca do afeto de Humbert do que como sua filha. Ela elevou-a à categoria de "mulher incompleta", o que tem muitas consequências.

CLARE QUILTY

Clare Quilty é um personagem invisível, mas omnipresente. É regularmente mencionado, mas sempre indiretamente, quer seja falado pelos outros personagens ou simplesmente na forma da sua voz ("Eu estava prestes a afastar-me quando a sua voz se dirigiu a mim", p. 84), até à sua aparição na cena final da matança. A presença implícita do culpado faz dele um personagem ameaçador. As alusões feitas a seu respeito espalhadas por todo o trabalho são indícios do seu significado.

Clare Quilty é um dramaturgo moderadamente famoso e um ser decadente. Pode ser visto como o seu contemporâneo, Humbert's, duplo. Ambos têm a mesma idade, usam o mesmo tipo de linguagem e ambos cobiçam a luxúria de Lolita. O seu confronto final é, portanto, inevitável. Ao matá-lo, Humbert está, ao mesmo tempo, a castigar-se pelos seus "crimes", que são semelhantes; só que o castigo é diferente.

ANÁLISE

A FORMA AUTOBIOGRÁFICA

Humbert, de acordo com o fictício John Ray, o suposto editor, teria chamado ao manuscrito *Lolita ou a Confissão de um Homem Viúvo Branco*. Este título recorda-nos as *Confissões* de Rousseau (escritor francês, 1712-1778), a obra pioneira do género autobiográfico, de que podemos ver aqui uma paródia. Vale a pena recordar também que Humbert é um especialista em literatura francesa.

O narrador, de facto, subverte as regras da autobiografia estabelecidas por Rousseau no seu prefácio: sinceridade absoluta, admissão de pecados e coerência, mostrando "toda a integridade da natureza". Não é este o caso em *Lolita* em que:

- O tempo é completamente desconstruído: a história é formada por distorções e digressões, sem se preocupar com a verdadeira duração dos acontecimentos. Humbert não respeita a natureza linear da sua existência e mostra na sua abordagem que só quer recontar aquilo que considera interessante (Capítulos 1-5).

- Humbert expressa frequentemente pesar e desespero perante a angústia de Lolita: "E houve alturas em que soube como te sentiste, e foi um inferno sabê-lo, meu pequeno. Lolita girl, brava Dolly Schiller" (p. 189). Mas estas admissões são esporádicas e frequentemente dirigidas a um júri simpático: "Cavalheirinhas do júri! Tenham paciência comigo!" (p.82).

A sua confissão é marcada pela desonestidade, complacência e justificações laboriosas: "A estipulação da lei romana, segundo a qual uma rapariga pode casar aos doze […] ainda é preservada […] em alguns dos Estados Unidos" (p. 90); "foi ela que me seduziu" (p. 88). A sinceridade da personagem é constantemente posta em dúvida.

- Perguntamo-nos se Humbert é um narrador de confiança. Sabemos que ele tem problemas psicológicos (foi hospitalizado várias vezes) e sabemos que ele gosta de mentir. Ele declara mesmo a sua propensão para a invenção, o que contradiz totalmente a sua afirmação de que está a confessar.

Assim, nesta suposta biografia, podemos ver uma sátira do género e da sua inerente hipocrisia.

REAVIVAR O MITO DE SALOMÉ

Lolita pode, por muitas razões, ser considerada uma versão moderna do mito de Salomé, recontado no Evangelho: A filha de Herodias, uma jovem, é utilizada pela sua mãe para manipular o seu marido, Herodes. Herodíades pede a Salomé para dançar para ele. Cativado pela beleza e apelo da sua enteada, ele diz-lhe que ela pode pedir-lhe tudo o que ela quiser. Ela exige a cabeça de João Baptista numa bandeja.

Os papéis narrativos do trio são os mesmos em ambos os casos, pois a jovem seduz o seu padrasto perante os olhos da própria mãe:

O poder fatal de Salomé está na sua juventude e na sua graça, bem como na sua dança sensual. Dolores, por outro lado, é uma "ninfeta" que fascina Humbert. Ele convida-a a dançar para ele, depois de lhe prometer várias coisas. A comparação é, portanto, óbvia:

> "Em certas noites aventureiras, em Beardsley, também tive a sua dança para mim com a promessa de algum presente, e [...] os ritmos dos seus membros não muito nobres tinham-me dado prazer" (p. 152).

Salomé é sinónimo de destruição tanto para o profeta João Baptista como para o rei Herodes, que perde o seu livre arbítrio e qualquer controlo sobre as suas acções. O mesmo se aplica à irrefletida Lolita que tem nas suas mãos o destino de Humbert e provoca a morte de Clare Quilty (assim como a da sua própria mãe, indiretamente).

Finalmente, Salomé é definida como o "mito do combate perpétuo entre homem e mulher, carne e espírito, irracionalidade e intelecto".[1] (Brunel, 1988). Isto poderia também aplicar-se às relações entre Humbert e Lolita, ou, mais geralmente, às relações de Humbert com as mulheres.

A INFLUÊNCIA DE LILITH EM NABOKOV

Lolita, a alcunha escolhida por Humbert, faz uma comparação fonética óbvia com Lilith. Nabokov deixa esta ligação clara nesta frase: "Humbert era perfeitamente capaz de ter relações sexuais com Eva, mas era Lilith que ele ansiava" (p. 12). O poema intitulado 'Lilith', que ele escrevera em 1928, mostra que ele estava de facto familiarizado com o mito. No poema, ele apresenta uma jovem que é muito semelhante à nossa heroína moderna.

Lilith, de acordo com a tradição judaica, foi a primeira esposa de Adão, antes de ele a mandar embora do paraíso terrestre. Ela tornou-se então uma súcuba (um demónio que toma a forma de uma mulher para seduzir um homem). Ela é uma encarnação de um demónio sexual, uma *femme fatale* e uma dominadora.

Humbert insiste repetidamente no lado demoníaco da sua amada, e das "ninfas" em geral: "[…] a sua verdadeira natureza que não é humana, mas *ninfónica* (isto é, demoníaca)" (p. 10). Da mesma forma que Lilith, Lolita recusa-se a ser subjugada, trai o homem e foge, condenando-o ao inferno. Ela simboliza a destruição e a influência demoníaca da mulher.

Lilith é a antítese da mulher arcaica representada pela gentil Eva, a segunda esposa de Adão, que é simultaneamente noiva e mãe. Charlotte Haze representa a feminilidade adulta que Humbert rejeita em favor de Lolita. Lilith, por outro lado, representa a mulher incompleta, rejeitando a sexualidade tradicional e a procriação. Lolita desempenha o papel de Lilith, a criança com a qual o homem não pode casar porque ela não possui nenhum dos seus atributos. A ilustração final desta incapacidade de ser mulher pode ser vista na morte de Dolores durante o parto, dando à luz uma filha nado-morta. Lilith não alcança a posição de Eva.

A POSTERIDADE DE *LOLITA*

A palavra "Lolita" é agora um substantivo de uso corrente. Utilizamo-la para descrever uma jovem adolescente estereotipada cujo comportamento está fora de sincronia com a sua idade real. Seria demasiado simplista dizer que esta descrição corresponde à personagem original, que é muito mais complexa e ambígua. A heroína de Nabokov foi por isso retirada do romance e tornou-se um ícone moderno da sua própria. A personagem escapou ao seu autor.

As razões para este sucesso excecional podem ser encontradas em grande parte no contexto da publicação da obra: *Lolita* foi publicada em 1955, quando a sociedade consumista estava em plena expansão na Europa, e particularmente nos Estados Unidos. Sébastien Hubier explica este fenómeno:

> *"[Os inocentes engenhosos] são inicialmente comparados com figuras míticas antigas antes de se tornarem eles próprios um mito moderno, que está diretamente ligado ao crescimento da sociedade consumista e à erupção da cultura popular. É por isso que estão tão intimamente ligados às características e aos grandes conflitos destes últimos [...]"(Hubier, 2007).*

Lolita é portanto uma nova figura da mulher fatal infantil, coerente com a realidade de uma sociedade moderna em evolução: o consumo como forma de vida, o culto da juventude e do corpo, etc. Ela representa todas estas ruturas.

REFLEXÃO ADICIONAL

ALGUMAS PERGUNTAS A PENSAR...

- O romance apela a certos clichés sobre a diferença entre a velha Europa e a América. Quais deles? Como são ilustrados?

- O que faz de *Lolita* um romance inquietante? Comente a seguinte citação: "[Humbert] é anormal. [...] Mas como magicamente o seu violino cantante pode conjurar uma tendresse, uma compaixão por Lolita que nos deixa entrincheirados com o livro enquanto abomina o seu autor"! (p. 4).

- Nabokov declarou: "... *Lolita* não tem moral a reboque. Para mim, uma obra de ficção só existe na medida em que me proporciona aquilo a que chamarei *bliss* estético..." (p. 210). Comente sobre isto.

- Não é a primeira vez na história da literatura que o personagem principal de um romance tem sido moralmente desprezível. Dê outros exemplos.

- Existem elementos de um romance policial em *Lolita*? Explique a sua resposta.

- Na sua opinião, qual é o verdadeiro papel da mãe na trama de *Lolita*? A sua relação com a sua filha é significativa?

- Como acha que o romance de Nabokov teria sido recebido se tivesse sido publicado hoje em dia?

- Lolita, ao tornar-se um substantivo comum, tornou-se um ícone dos tempos modernos. Dar alguns exemplos de reprises de personagens ou do enredo do romance de Nabokov na literatura, cinema, música, etc.

LEITURA ADICIONAL

EDIÇÃO DE REFERÊNCIA

Nabokov, V. (2000) *Lolita*. Londres: Pinguim.

ESTUDOS DE REFERÊNCIA

Brunel, P. (1988) *Dictionnaire des mythes littéraires*. Paris: Editions du Rocher.

Couturier, M. (2010) Prefácio. Em V. Nabokov, *Lolita*. Paris: Gallimard.

Hubier, S. (2007) *Lolitas et petites madones perverses: émergence d'un mythe littéraire*. Dijon: EUD.

ADAPTAÇÕES DE FILMES

Lolita, um filme de Stanley Kubrick, estrelado por James Mason, Sue Lyon, Shelley Winters e Peter Sellers, 1962. O guião do filme foi originalmente escrito pelo próprio Nabokov, mas, no final, Kubrick apenas o usou como inspiração. Nabokov, no entanto, alegou estar satisfeito com o filme. Mantém-se fiel ao livro, mas dá um papel mais importante à personagem de Quilty, que é de certa forma subsidiária no romance de Nabokov. Kubrick, por outro lado, coloca Peter Sellers na vanguarda do filme várias vezes, desde o início: ele é também um personagem menos ameaçador.

Lolita, um filme de Adrian Lyne, estrelado por Jeremy Irons, Dominique Swain, Melanie Griffith, Frank Langella, 1997. Este segundo filme é mais fiel ao romance, na medida em que reduz Clare Quilty a uma personagem secundária e concentra-se mais no passado de Humbert e nas suas primeiras experiências com "ninfas". Lyne fornece uma versão mais explícita das relações sexuais entre Humbert e Lolita, algo que era impossível nos anos 60, uma vez que o filme de Kubrick estava sujeito a censura.

Queremos ouvir você!
Deixe um comentário sobre a sua biblioteca online
e compartilhe os seus livros favoritos nas redes sociais!

MUST READ

Porquê escolher Must Read?

Descubra tudo o que precisa de saber sobre um livro com os nossos resumos e análises concisas e aprofundadas!

Descubra o melhor da literatura sob uma luz completamente nova!

MUST READ ANÁLISE DO LIVRO

Oscar e a Senhora Cor-de-Rosa

Éric-Emmanuel Schmitt

MUST READ ANÁLISE DO LIVRO

Cândido, ou O Otimismo

Voltaire

MUST READ ANÁLISE DO LIVRO

Bonjour Tristesse

Françoise Sagan

MUST READ ANÁLISE DO LIVRO

Uma garrafa no Mar de Gaza

Valérie Zenatti

MUST READ ANÁLISE DO LIVRO

A Verdade sobre o caso Harry Quebert

Joël Dicker

MUST READ ANÁLISE DO LIVRO

Um segredo

Philippe Grimbert

www.50minutes.com

www.50minutes.com

Mestre ISBN: 9782808692571
Papel ISBN: 9782808613972
Depósito legal: D/2023/12603/1677

Capa: © Primento

Desenho digital: Primento, o parceiro digital dos editores.